महाभारत
की कहानियाँ

एक नया आरम्भ

सुभद्रा सेन गुप्ता

Om KIDZ
An imprint of Om Books International

अठारहवें दिन कुरुक्षेत्र का भीषण युद्ध समाप्त हुआ। इस युद्ध में भीष्म, द्रोणाचार्य और कर्ण जैसे महान योद्धाओं ने अपने प्राण गँवा दिए। भीम के हाथों दुर्योधन के वध के साथ ही कौरव परिवार ने गांधारी एवं धृतराष्ट्र के सभी पुत्रों को खो दिया।

शोक में डूबी हुई गांधारी ने युद्धभूमि में आकर इस पूरी त्रासदी का दोष भगवान कृष्ण पर लगाया। उसने क्रोधित होते हुए कहा, "इस युद्ध का अंत कर आप मेरे पुत्रों की रक्षा कर सकते थे किंतु आपने ऐसा नहीं किया। मैं उनकी मृत्यु का उत्तरदायी आपको मानती हूँ।"

उसके बाद उसने भगवान कृष्ण को शाप देते हुए कहा, "जिस प्रकार मैंने अपने पुत्रों को मरते देखा है एक दिन आपके पुत्र एवं पौत्रों की मृत्यु भी आपसे पहले होगी, और आप इसे रोकने के लिए कुछ नहीं कर पाएँगे। उसके बाद अकेलेपन में आपकी भी मृत्यु हो जाएगी।"

छत्तीस वर्ष बाद गांधारी का वह अभिशाप सच हुआ, जब भगवान कृष्ण के वंश के सभी पुरुषों ने आपस में ही लड़कर एक-दूसरे के प्राण ले लिए। भगवान कृष्ण एवं उनके भाई यह सब रोक नहीं पाए और असहाय होकर अपनी आँखों के सामने ही अपने पुत्रों एवं पौत्रों को मरते देखते रहे।

भगवान कृष्ण बिल्कुल अकेले और हृदयविदारक स्थिति में एक वृक्ष के नीचे बैठे थे। तभी एक शिकारी का बाण आकर उनके टखने पर लगा और उन्होंने जीवित रहने की इच्छा का अंत करते हुए अपने प्राण त्याग दिए। उनकी आत्मा स्वर्ग की ओर प्रस्थान कर गई। उसके बाद उनके नगर द्वारका को समुद्र देव ने निगल लिया।

एक बार पुनः युधिष्ठिर इंद्रप्रस्थ के राजा बन गए और अपने चारों भाइयों की मदद से शासन करने लगे। गांधारी, कुंती, विदुर एवं धृतराष्ट्र सामान्य जीवन व्यतीत करने के लिए वन में रहने चले गए और अंतिम साँस तक वहीं रह कर ईश्वर की प्रार्थना करते रहे।

जब अर्जुन का पौत्र एवं अभिमन्यु का पुत्र परीक्षित बड़ा हुआ तो उसे सिंहासन पर बिठाया गया। उसके बाद पाँचों पांडव एवं द्रौपदी हिमालय की तीर्थयात्रा पर निकल पड़े और स्वर्ग की ओर चलने लगे।

सभी पांडव तथा द्रौपदी संन्यासी की तरह जीवन बिता रहे थे। जैसे-जैसे आत्मज्ञान की प्रार्थना करते हुए वे हिमालय में उँचाई की ओर चढ़ते गए, वैसे-वैसे एक-एक करके रास्ते में गिरने लगे।

गिरने वालों में द्रौपदी प्रथम थी और मरने से पहले उसने युधिष्ठिर से पूछा, "मुझे स्वर्ग जाने से क्यों रोका जा रहा है?" युधिष्ठिर ने विस्तार से बताते हुए कहा, "हालाँकि तुम्हारा विवाह हम पाँचों भाइयों से हुआ था किंतु तुमने सबसे अधिक प्रेम अर्जुन से किया।"

जब भीम भूमि पर गिरे तो युधिष्ठिर ने मरने से पहले उन्हें बताया, “तुम्हें अपनी गदा और कुश्ती के कौशल पर बहुत अधिक गर्व था।”

अर्जुन की गिरने की बारी आने पर युधिष्ठिर ने अपने भाई से कहा, "अर्जुन, तुम्हें भी अपने महान योद्धा होने का गर्व था और तुम्हें ऐसा अनुभव होता था कि धनुर्विद्या में तुम्हें कोई भी पराजित नहीं कर सकता। तुम्हारा गर्व ही तुम्हारे पतन का कारण था।"

नकुल एवं सहदेव को युधिष्ठिर ने बताया कि वे दोनों अपने रूप तथा रंग और वेद-पुराण जैसे पवित्र ग्रंथों के अपने ज्ञान को लेकर सदैव गर्वित अनुभव करते थे।

अब युधिष्ठिर बर्फ़ीली चोटियों और संकरे पथरीले रास्तों से होते हुए अकेले स्वर्ग की चढ़ाई कर रहे थे। उनके साथ एक कुत्ता था, जो वास्तव में मृत्यु के देवता धर्मराज यम स्वयं थे।

यम ने युधिष्ठिर को बताया कि युधिष्ठिर को भी नर्क जाना ही होगा, क्योंकि सभी शासकों को कम से कम एक बार वहाँ जाना पड़ता है, और जब वे स्वर्ग वापस लौटेंगे तो वहाँ उनकी भेंट उनकी पत्नी और सभी भाइयों से होगी।

स्वर्ग में एक बार पुनः पाँचों पांडव एवं द्रौपदी, कौरव और कुरुक्षेत्र के युद्ध में मारे गए सभी लोग एकजुट हो गए। अंततः वे सभी सुख और शांति से एक-दूसरे के साथ रहने लगे।